Ortrud Neuhof

Arthur Schopenhauers Auffassung über den Wahnsinn

GRIN Verlag

Bibliografische Information der Deutschen Nationalbibliothek:

Die Deutsche Bibliothek verzeichnet diese Publikation in der Deutschen Nationalbibliografie; detaillierte bibliografische Daten sind im Internet über http://dnb.d-nb.de/ abrufbar.

Impressum:

Copyright © 2000 GRIN Verlag GmbH
Druck und Bindung: Books on Demand GmbH, Norderstedt Germany
ISBN: 978-3-638-69317-2

Dieses Buch bei GRIN:

http://www.grin.com/de/e-book/61137/arthur-schopenhauers-auffassung-ueber-den-wahnsinn

Ortrud Neuhof
Magisterstudiengang

Langenhagen, den 30.10.2000

Thema der Hausarbeit:

Arthur Schopenhauer
"Über den Wahnsinn"

im Rahmen der Lehrveranstaltung im SS 2000
Schopenhauer: Über das Glück (W. u. N.)

Inhaltsverzeichnis

Arthur Schopenhauer

"Über den Wahnsinn".

Einleitung

Am Anfang dieser Arbeit wird das Phänomen <Wahnsinn> aus der Sicht der Aufklärung und der Romantik kurz erläutert.
Anschließend wird Schopenhauers Wahnsinnstheorie vorgestellt.
Es soll untersucht werden ob sich in der Auffassung Schopenhauers im Vergleich mit den vorangehenden Sichtweisen grundlegend Neues findet und worin dieses Neue besteht.
Angefügt werden Auszüge einer Schrift des Charité-Patienten *Ernst Hoeffner* an den jungen Arthur Schopenhauer, die *Marcel Zentner* als Erstveröffentlichung seinem Buch *Die Flucht ins Vergessen,* beigefügt hat[1]. Das Buch *Marcel Zentners* liegt dieser Arbeit als Quelle zugrunde. Die Aufzeichnungen zeigen Gedankengänge, die Schopenhauer, möglicherweise später, in seine Philosophie aufgenommen hat.
Ein abschließender Blick auf die psychiatrische und psychoanalytische Auffassung von Wahn und Wahnsinn im zwanzigsten Jahrhundert lässt die Auswirkungen von Schopenhauers Wahnsinnstheorie auf diese beiden Disziplinen erkennen.

2.Hauptteil

2.1 Das Phänomen Wahnsinn als geheimnisvolle Äußerung

Der Wahnsinn als Phänomen war bereits in der Antike bekannt. In Zusammenhang gebracht wurde er mit dem Zustand der Ekstase, einem Außersichsein, einer Verzückung, einem Rausch, in dem Gesichte gesehen und Stimmen gehört wurden; griechischen

---

[1] Zentner, Marcel R.: Die Flucht ins Vergessen, Die Anfänge der Psychoanalyse Freuds bei Schopenhauer, Anhang II, (1995), S. 199.

Metaphysikern zufolge hervorgerufen durch das Eingehen eines göttlichen, jetzt aus dem Menschen redenden Wesens.[2]

Noch in der Neuzeit spricht *Müller-Freienfels* von Ekstase, als einem nicht allen Menschen erfahrbaren Erlebnis. Wegen des besonderen Zaubers wurden diese nicht kontrollierbaren Zustände von anderen als ein Blick hinter den Schleier, als Offenbarung, erlebt. Geisteskranke, an denen sie beobachtet wurden, standen im Ruf übernatürlicher Fähigkeiten.[3]

2.2 Die Beurteilung aus der Sicht der Aufklärung

Etymologisch stammt der Begriff Wahnsinn aus dem Mittelhochdeutschen und steht nicht in Zusammenhang mit Wahn in der Bedeutung von Hoffnung oder Erwartung, sondern ist eine Nachbildung des älteren Begriffs *Wahnwitz.* Dieser wird seinerseits von dem Mittelhochdeutschen Adjektiv *wanwitzec abgeleitet,* das auf dem Mittelhochdeutschen *wanwitze,* althochdeutsch *wanawizzi,* mit der Bedeutung unverständig, leer an Verstand, beruht[4].

Das im Jahre 1882 erschienene *Wörterbuch deutscher Synonymen* erklärt *Wahnwitz* nach *Kant,* als <gestörte Urtheilskraft> und bringt es in Zusammenhang mit dem Begriff *Aberwitz*, nach *Kants* Definition <die Krankheit einer gestörten Vernunft>[5].

Ziolkowski führt aus, daß *Kant* in seiner *Anthropologie* zum Ausdruck bringt, daß es dem Menschen nicht möglich sei auf dem Weg der Selbstbeobachtung zu einem wahren Verständnis seiner Natur zu kommen. Die wahre Natur des Menschen ergründen zu wollen, sagt *Kant,* sei viel zu gefährlich. Experimente mit der eigenen Natur sollten daher unterlassen werden, weil aus einem gekünstelten Wahnsinn leicht ein wahrer werden könne.

Das Studium der Geisteskrankheiten sieht *Kant*, *Ziolkowski* zufolge, jedoch als unbedingt erforderlich an. Die Anthropologie, als Lehre

---

[2]Vgl. Schischkoff, Georgi, Philosophisches Wörterbuch, S. 160.
[3]Vgl. Müller-Freienfels, Persönlichkeit und Weltanschauung, S. 210, 215.
[4]Vgl. Kluge, Friedrich, Etymologisches Wörterbuch, S. 833.
[5]Vgl. Sanders, Daniel, Wörterbuch deutscher Synonyme, S. 45.

vom Menschen müsse sich danach mit der menschlichen Natur in ihren Höhen und Tiefen befassen. *Kant* begreift das Erkenntnisvermögen des Menschen als wichtigstes Charakteristikum. Er sieht die Gemütskrankheiten daher als eine Störung der menschlichen Vernunft und des Erkenntnisvermögens an, hält sie für unheilbar und die Internierung in einem Narrenhospital für unbedingt erforderlich. Die Kranken müßten dort durch *fremde* Vernunft in Ordnung gehalten werden.[6]

Im 17. und 18. Jahrhundert, ausgehend von einem steigende Interesse an den Wissenschaften, waren mannigfaltige Daten und Beobachtungen über den Wahnsinn zusammengetragen worden, welche die Frage nach den Ursachen auslöste, seien sie nun seelisch, körperlich oder sozial bedingt.[7]

Als Erster erkannte *Shakespeare*, daß es sich beim Wahn um eine Krankheit des Geistes handelt, nicht um eine Besessenheit von bösen Geistern göttlicher oder dämonischer Natur. Heiligenverehrung und Hexenverbrennung, Ratlosigkeit und Ohnmacht, bestimmten den Umgang mit den Geisteskranken, die ausgegrenzt gleich Verbrechern in sog. Tollkoben, Narrenhäusle, Dorenkästen oder Gefängnissen der Angefochtenen, untergebracht wurden. Sie wurden in Ketten gelegt, in Zwangsjacken gesteckt und geschlagen, man setzte ihnen Gesichtsmasken auf und verschloß ihre Münder mit knebelartigen Mundbirnen.

Pinel und *Esquirol,* ein Schüler *Pinels,* französische Psychiater, Empiristen des ausgehenden 18. und beginnenden 19. Jahrhunderts, waren von der Aufklärung inspiriert. *Esquirol* führte den Begriff <dynamisch> in die Psychiatrie ein, einen Begriff, wahrscheinlich beruhend auf einer Auffassung des Philosophen *Malebranche* und seiner Schüler, die *Esquirol* von der Philosophie auf die Psychiatrie

[6]Vgl. Ziolkowski, Theodore, Das Amt der Poeten - Die deutsche Romantik und ihre Institutionen, S. 188-191.
[7]Vgl. Ziolkowski, Theodore, ebd., S. 183.

übertrug. Die Bewegungskraft von Vorstellungen wird mit diesem Begriff bestimmt[8].

Pinel führte als Erster eine Änderung der herrschende Zustände herbei. Bei seinen Reformbemühungen um die Geisteskranken kam ihm die Französische Revolution zur Hilfe, obwohl *Robespierre* von dem Anblick tobender, schreiender Irren entsetzt, noch von Bestien gesprochen hatte. Doch *Pinel* forderte das Versprechen der Revolution, "wonach alle Ausgestoßenen in den großen Bund der Brüderlichkeit eingeschlossen werden sollten"[9], ein. Seinem Bemühen war es zu verdanken, daß aus dem Staatsgefängnis Bicêtre die erste humane Irrenheilanstalt wurde.[10]

Nach *Pinels* fester Überzeugung war die Quelle allen Wissens die direkte Beobachtung. Er machte die Erfahrung, daß verschiedene Typen des Wahnsinns durch physische und moralische Mittel erfolgreich behandelbar waren[11].

Schopenhauer bezieht sich in seiner Schrift *Über den Wahnsinn* ausdrücklich auf die hier genannten französischen Psychiater *Esquirol* und *Pinel*[12].

2.3 Auswirkungen der Aufklärung und die Sichtweise der Romantik auf den Wahnsinn

Daß der Wahnsinn als Phänomen auf die Zeit des ausgehenden 18. und den Beginn des 19. Jahrhunderts sowie die Zeit der Romantik eine besondere Faszination ausübte, berichtet *Ziolkowski* und führt als bildende Künstler *Heinrich Fuesslis* mit dem Kupferstich *The Mad House* (1792), *Goya* mit *Hof des Irrenhauses in Saragossa* (1794) und *Théodor Géricaults Bildnisse Geistesgestörter* (1821-24) an.

Als Dichter benennt er *Christian Heinrich Spiess* (1755-1799) mit *Die Biographien der Wahnsinnigen* (1795-96), sowie *Ludwig Tieck* mit *Die Geschichte des Herrn William Lovell* (1795) und *Goethes*

---

[8]Vgl. Ellenberger, Henry F., Die Entdeckung des Unbewußten, S. 401.
[9]Fülöp-Miller, René, Kulturgeschichte der Heilkunde, S. 316.
[10]Vgl. Fülöp-Miller, ebd., S. 316.
[11]Vgl. Ziolkowski, Theodore, ebd., S. 187.

Wilhelm Meisters Lehrjahre (1795-96). Nach Ansicht *Ziolkowskis* spiegeln die Werke *Spiess's, Tiecks und Goethes* die vorherrschende Haltung des 18. Jahrhunderts gegenüber der Natur der Geisteskrankheiten.[13]

Das grundlegende Merkmal der Aufklärung war der Kult der Vernunft. Sie bekämpfte Dummheit, Irrtum und Vorurteile, Aberglauben, auch die Tyrannei der Leidenschaft und die Verirrung der Phantasie[14].

Es wurde der Versuch unternommen, Geisteskrankheit auf wissenschaftliche Weise zu verstehen. Sie galt als Störung der Vernunft und man sah sie zum Einen als physische Verletzung zum Anderen als Wirkung unbeherrschbarer Leidenschaften an[15].

Der Wahnsinn galt, *Ziolkowski* zufolge, als eine Entfremdung vom natürlichen Menschsein und der menschlichen Gesellschaft. Man hoffte ihn durch "die moralische Behandlung zu heilen"[16].

Determiniert wurde diese Auffassung durch den Rationalismus des 18. Jahrhunderts.

Charakteristika der neueren romantischen Schule ließen sich an dem Werk von *Johann Christian Reil*, *Rhapsodien* (1803) sowie *Jean Pauls Titan* (1800-1803) und dem unter dem Pseudonym *Bonaventura* erschienenen Werk *Nachtwachen* (1804) ablesen.

Die beiden letztgenannten Werke geben bereits Hinweise auf die romantische Auffassung, welche den Wahnsinn als einen <höheren Bewusstseinszustand> begriff.[17]

Die Auffassung des Wahnsinns als eines höheren poetischen Wissens sei nicht zuletzt an der Person *Friedrich Hölderlins,* der vierzig Jahre seines Lebens in Wahnsinn verbrachte festgemacht, argumentiert *Ziolkowski.* Er berichtet, *Schelling* habe in seinen sog. *Stuttgarter*

---

[12]Vgl. Schopenhauer, Arthur, Die Welt als Wille und Vorstellung II, S. 468.
[13]Vgl., Ziolkowski, Theodeore, ebd., S. 193-230.
[14]Vgl. Ellenberger, Henry F.,ebd. S. 276.
[15]Vgl. Ellenberger, Henry F., ebd., S. 278.
[16]Ziolkowski, Theodore, ebd., S. 230.
[17]Vgl. Ziolkowski, Theodore, ebd., S. 230-256.

Privatvorlesungen (1810) von der Repräsentanz des tiefsten Wesens menschlichen Geistes im Wahnsinn gesprochen und sähe denselben nicht als eine <Entstehung> ,sondern als ein <Hervortretendes> an. In ihm wolle das "Nichtseynende", d. h. das Verstandlose sich aktualisieren als "das Seyende, das seyn will"[18], und so sein Wesen zeigen. Der Verstand sei somit ein <geregelter> Wahnsinn. *Schelling* habe von Menschen ohne Anlage zum Wahnsinn als von Menschen mit leerem unfruchtbaren Verstand gesprochen. So sprächen auch *Platon* und die Dichter vom "göttlichen Wahnsinn".[19]

Schelling ließ in seinen Ausführungen die Empathie der Romantik, in die Tiefen der Natur vorzudringen, erkennen. Diese Liebe, so *Ellenberger,* zeigt sich "in der lyrischen Dichtung der Romantik als auch in den Spekulationen der Naturphilosophie"[20]. Das ausgeprägte Interesse, die positive Bewertung des Gemüts und damit der Emotionen, führt die Romantik zu allen Anzeichen des Unbewußten, und führt sie somit auch zum Wahnsinn.

Ellenberger schreibt in diesem Zusammenhang, daß *Carl Gustav Carus* (1789-1869), Arzt und Maler in seinem Buch *Psyche* von dem Schlüssel zur Erkenntnis bewußten Seelenlebens im Unbewußten gesprochen habe in dem Sinne, daß das Bewußtsein allmählich wächst, dem Einfluß des Unbewußten jedoch weiterhin unterworfen bleibt.

Nach *Ziolkowski* war *Reil* ein berühmter Arzt seiner Zeit, der schwerpunktmäßig das Gebiet der Psychiatrie erforschte. Vom Leben sprach er als von einem lückenlosen Zusammenhang von Materie und Geist, und sah als deren innere Einheit die Lebenskraft an. Diese Auffassung kann als physiologisches Gegenstück zur Naturphilosophie betrachtet werden.[21]

Im Wahnsinn sah *Reil* die Symptome eines gestörten Zusammenspiels von Selbstbewußtsein, Besonnenheit und Aufmerksamkeit. Und seine

---

[18]Schelling, Friedrich Wilhelm Joseph, Werke, Band IV, S. 362.
[19]Schelling, Friedrich Wilhelm Joseph, ebd., S. 362.
[20]Ellenberger, Henry F.,ebd. , S. 283.
[21]Vgl. Ziolkowski, Theodore, ebd., S. 231.

Rhapsodien, so berichtet *Ziolkowski*, schilderten den Irren nicht mehr als erschreckendes Objekt wissenschaftlicher Beobachtung und erzieherischer Praktiken, wie er aus der Sicht *Pinels* erschien[22].
Auch sieht *Ziolkowski* eine geistige Verwandtschaft der *Rhapsodien Reils* zu *Jean Pauls Titan* und *Bonaventuras Nachtwachen.* Der Einfluß von *Goethes Wilhelm Meisters Lehrjahre* und *Tiecks William Lovell* auf *Jean Paul* sei gleichfalls unverkennbar. *Jean Paul* sprach vom poetischen Tollkirschenfest, begünstigt durch das zeitgenössische Lesepublikum. Verrückte würden, wie im Morgenland, als Heilige verehrt.

E.T.A. Hoffmann (1776-1829), in dessen Werken es von Wahnsinnigen aller Art wimmelt, ließ seine Faszination diesem Thema gegenüber deutlich erkennen. Über Theorien und Behandlungsmethoden des Wahns hinreichend informiert, - er gehörte zu einem Freundeskreis von Ärzten, die sich mit Wahnsinnigen befaßten[23], - kokettierte er indessen nicht mit dessen Bildern. Die strikte rationalistische Kluft zwischen Vernunft und Wahnsinn wurde von ihm nicht vollzogen. Statt dessen war *Hoffmann* von der Möglichkeit, tiefste Einblicke in die Natur des Menschen zu erhalten, fest überzeugt[24].
Ebenso sprach er von der Verborgenheit des Wahnsinns im gewöhnlichen gesellschaftlichen Leben. Ein von der normalen Gesellschaft wahrgenommener Wahnsinn sei wohl eher als harmlose Exzentrizität oder sogar als Form höheren Wissens anzusehen.[25]
Hoffmann versuchte einen Mittelweg zu gehen, einen Weg zwischen den klinischen Psychiatern wie *Pinel* und *Langermann* und den psychologischen Philosophen, den Theoretikern der Seele, wie *Reil* und den Naturphilosophen. Er sah die Möglichkeit <realistischer Erkennbarkeit> anhand von medizinischen Untersuchungen, und sah

---

[22]Vgl. Ziolkowski, Theodore, ebd., S. 234.
[23]Vgl. Ziolkowski, Theodore, ebd., S. 267.
[24]Vgl. Ziolkowski, Theodore, ebd., S. 269.
[25]Vgl. Ziolkowski, Theodore, ebd., S. 271-272.

damit die Kenntnis der <menschlichen Physis> als Refugium der Mediziner an. Diese umfasse allerdings nicht auch den <psychischen Organismus>, da dieser andere Voraussetzungen erfordere. Nach *Ziolkowski* hat auch *Kant* in seiner *Anthropologie* so argumentiert und die Untersuchung des Gemütszustandes der <philosophischen>, <nicht> aber der <medizinischen> Fakultät überwiesen[26].

Ziolkowski faßt das Kapitel *Das Irrenhaus; Asyl der Phantasie* wie folgt zusammen:

Seit dem Jahre 1795 ist eine bemerkenswerte Entwicklung in der Wirkung des Wahnsinns auf die Kunst zu beobachten. Die noch zurück gebundene Einführung des Psychologischen in die Welt der Fiktion bei *Spiess, Tieck* und *Goethe* führt über eine umfassende Fiktionalisierung der noch im Entstehen begriffenen Psychiatrie bei *Jean Paul* und *Bonaventura* hin zu der Tatsache, daß die Fiktion selbst autonomes psychiatrisches Denken wird. Dies zeigt eine spannungsreiche Wechselbeziehung der Kunst dieser Zeit mit der Institution Irrenhaus insofern, als sich ein Wandel von der Ausgrenzung zur humanen Heilanstalt für Geisteskranke anbahnt.[27]

2.4 Schopenhauers Wahnsinnstheorie

"Was macht den Philosophen? Der Muth keine Frage auf dem Herzen zu behalten".[28]

Arthur Schopenhauer (1788-1860) lebt zur Zeit der Romantik und des nachfolgenden Biedermeier.

Wie die Theologen, Philosophen, Mediziner und Künstler seiner Zeit beschäftigt auch ihn das Phänomen des Wahnsinns.

So behandelt er nicht nur tradierte Fragestellungen, die sich mit dem <Sein>, dem <Guten> und der <Erkenntnis> beschäftigten, sondern thematisiert ebenso Fragen des menschlichen Alltagslebens. Das Böse, Leidenschaften, Sexualität, gescheitertes Leben, unbewußte

[26]Vgl. Ziolkowski, Theodore, ebd., S. 274.
[27]Vgl. Ziolkowski, Theodore, ebd., S. 276.
[28]Schopenhauer, Arthur, Der handschriftliche Nachlaß I, S. 126.

Schicksalswahl, Krankheit und Tod werden Themen seiner philosophischen Reflexion. In diesen Zusammenhang ist auch seine Abhandlung *Über den Wahnsinn* einzuordnen.

Zu einer Zeit, in der in Deutschland seelische Krankheit als Folge von Sünde betrachtet wurde und das Fundament psychiatrischen Wissens über die Geisteskrankheit großenteils auf philosophischen und theologischen Spekulationen beruhte, wanderte Schopenhauer bereits als junger Student zu den Irren der Charité in Berlin.[29] Zwischen den Kranken und Schopenhauer habe ein reger Austausch. bestanden. Die Intention Schopenhauers habe nicht nur der Krankenbeobachtung gegolten. Es sei darüber hinaus zu einer engeren, einer menschlichen Beziehung zwischen ihm und den Patienten der Psychiatrie gekommen, die in ihm den Menschenfreund sahen, ihm Briefe schrieben und Gedichte widmeten[30].

Im Jahre 1809 läßt sich Schopenhauer als Student der Medizin in Göttingen immatrikulieren und hört zudem Vorlesungen über Chemie, Physik, Botanik und Physiologie. Nach *Arthur Hübscher* neigt er dazu, Erfahrung als Grundlage seines Wissens zu sammeln[31].

In einem Brief an *Julius Frauenstädt* beteuert er, in seiner Philosophie sei niemals von einem Wolkenkuckucksheim die Rede gewesen, sondern von <dieser Welt> und spricht im Zusammenhang damit von der <Immanenz> seiner Philosophie[32]. Im zweiten Semester beginnt er mit dem Studium der Philosophie, studiert die Philosophen *Platon* und *Kant.* Ab 1811 bis zum Jahre 1813 ist er Student in Berlin und hört *Fichte* und *Schleiermacher.* Parallel zum Studium der Philosophie setzt er seine Studien der Naturwissenschaften fort, bereichert durch Zoologie und Physiologie.

---

[29]Vgl. Zentner, Marcel, Die Flucht ins Vergessen", S. IX.

[30]Vgl. Zentner, Marcel, ebd., S. 9.

[31]Vgl., Hübscher, Arthur, Arthur Schopenhauer - Ein Lebensbild, in Arthur Schopenhauer, Sämtl. Werke I, 54f, (zit. nach Wolfgang Kloppe. S. 109).

[32]Vgl. Hübscher, Arthur (Hrsg.), Arthur Schopenhauer, Mensch und Philosoph in seinen Briefen, S. 155, (zit. nach Wolfgang Kloppe, S. 110).

Der Besuch der Irrenanstalt war Ende des 18. Jahrhunderts ein Pflichtthema für Reiseberichte geworden. Neben der Besichtigung der Sehenswürdigkeiten einer Stadt, wie Palast, Dom, etc., wurde der Irrenhausbesuch nahezu obligatorisch für eine gebildete Person. Dies betraf, Ärzte, Theologen, Pädagogen und Damen der Gesellschaft[33].

Es ist nicht anzunehmen, daß dieses auch Schopenhauers Hauptanliegen ist. Er hat in erster Linie ein wissenschaftliches Interesse daran, die Irrenabteilung der Charité in Berlin zu besuchen. Sein Interesse an den Geisteskranken hat er später in seinen philosophischen Schriften mehrfach bekundet und durch etliche Besuche derselben, nicht nur in der Charité Berlin, bewiesen. Ein zusätzliches subjektives Interesse am Wahnsinn ist dennoch dabei nicht auszuschließen, sind diesbezüglich doch einige Auffälligkeiten seiner Vorfahren bekannt[34].

Zentner rekonstruiert anhand historischer Dokumente und erst nach 1989 zugänglichen Archivmaterials Schopenhauers Kontakt mit der Irrenabteilung der Charité in Berlin[35].

Zu dem o.a. Archivmaterial gehören auch Unterlagen über zwei Patienten, deren Namen der Autor im Aufnahmejournal der Charité orten konnte. Es handelt sich dabei um Patienten, die dem Philosophen signierte Briefe als auch Gedichte hinterließen, die im Schopenhauer-Archiv von *Zentner* gefunden wurden. Dem Autor zufolge zeigen sich darin Zusammenhänge mit Schopenhauers Hauptwerk, wie Mitleid und Askese. *W. v. Gwinner* habe bereits darauf hingewiesen, daß die genannten Aufsätze für den Philosophen wichtige Aufschlüsse enthielten[36]. Im Zusammenhang damit bezieht sich *Zentner* auf Schopenhauers Theorie des Wahnsinns, die sowohl in seinem Hauptwerk als auch in seinem *Handschriftlichen Nachlaß*, sowie in den neu herausgegebenen Vorlesungen zu finden seien[37].

---

[33]Vgl. Ziolkowski, Theodore, ebd., S. 181.
[34]Vgl. Gwinner, Wilhelm, Arthur Schopenhauer, S. 36.
[35]Vgl. Zentner, Marcel, Die Flucht ins Vergessen, S. XIII.
[36]Vgl. Gwinner, Wilhelm, Schopenhauers Leben, (zit. nach Zentner, Marcel, ebd. S. XIII).
[37]Vgl. Zentner, Marcel, ebd., S. XIV:

Zentners Bericht nach ist die Charité in Berlin z. Zt. Schopenhauers ein für die damalige Zeit hochmodernes Krankenhaus, und die Behandlungsmethoden entsprechen den neuesten Kenntnissen der Medizin der damaligen Zeit. Wasserkuren, Ekelbehandlungen und Salbenbehandlung zur Erzeugung künstlicher Geschwüre geben somit die Auffassung der Aufklärung vom Irresein als einer körperlichen Krankheit wieder. Mit den aufgeführten barbarischen Methoden soll das Subjekt auch im irrenden Zustand, in Anlehnung an *Kant,* auf die Vernunft und das Sittengesetz verpflichtet werden. Danach sei jedes Mittel und jeder Zwang legitimiert.[38]

Vorstellungen der Aufklärung über eine vernünftige Einwirkung von außen auf die Physiologie des menschlichen Körpers scheinen sich dabei mit den antiken Vorstellungen von den vier Elementen und der galenisch-hippokratischen Lehre von den Grundsäften und den Temperamenten verbunden zu haben.

Michel Foucault hat in seinem *Buch Wahnsinn und Gesellschaft*, in dem Kapitel *Patienten und Ärzte,* eindrucksvoll über diese umfangreichen Kuren für Wahnsinnige, ihre Methode und deren Hintergründe berichtet.

Foucault zufolge wurden umfangreiche Kuren für Wahnsinnige <außerhalb> der Anstalten entwickelt. Sie galten nicht speziell der Seele, sondern dem ganzen Individuum, das man sich aus Nervenfiber und Vorstellungskraft zusammengesetzt dachte. Den Körper des Irren sah man als Ausdrucksform seines Leidens an[39].

Als sich Schopenhauer mit der Situation der Geisteskranken in der Berliner Charité konfrontiert, hört er philosophische Vorlesungen bei *Fichte*, der darin seine Auffassung des Wahnsinns darlegt. *Zentner* zufolge sei er von *Fichtes* Vorlesungen jedoch enttäuscht gewesen. Schopenhauer zitiert *Fichte:*

"Man hat mir hiegegen eingewandt daß Originalität und Genie besonders Modificierte Ichs wären. Ich muß dabey bemerken daß nicht jede Originalität Genie sondern oft Wahnsinn ist. Beyde weichen ab vom gewöhnlichen Standpunkt des

[38]Vgl. Zentner, Marcel, ebd., S. 14.
[39]Vgl. Foucault, Michel, Wahnsinn und Gesellschaft, S. 308.

Menschen: Genie, oder Poesie, ist göttlich und weit über jenen Standpunkt erhaben. Wahnsinn ist thierische und steht unter jedem Standpunkt".[40]

Schopenhauers Beurteilung ist eine ganz andere und so widerspricht er
Fichte:

"Daß der Wahnsinn dem Thiere sich nähere, und der gesunde Verstand gleichsam das Mittel zwischen dem Wahnsinn und dem Genie sey, denke ich nicht; vielmehr daß Genie und Wahnsinn, wiewohl weit verschieden, sich doch näher sind als ersteres dem gemeinen Verstand und letzterer dem Thiere. Der kluge Hund ist dem gemeinen gesezten verständigen Menschen eher zu vergleichen als dem Wahnsinnigen (nicht dem Blödsinnigen). Eben so lehrt das Leben großer Genies, daß sie oft im Leben sich fast als Wahnsinnige betragen. (...) Von Thierheit und Blödsinn zu großer Klugheit also geht es stufenweise. Aber Genialität und Wahnsinn sind nicht die erste und die lezte Stufe; sondern Spezifisch verschieden von allen jenen".[41]

Nach *Foucault* stammen drei weitere Zitate zu dem gleichen Thema, von *Spurzheim*, von *Hegel* und von *Heinroth.*

Spurzheim::
Der Wahnsinn "ist die Störung der Hirnfunktionen. (...)Die Teile des Hirns sind der Sitz des Wahnsinns, wie die Lunge der Sitz der Atembeschwerden und der Magen der Sitz der Dyspepsie ist."

Hegel:
"(...) denn vorhanden ist es (das Böse) in dem Herzen, weil dieses unmittelbar natürlich und selbstisch ist. Es ist der böse Genius des Menschen, der in der Verrücktheit herrschend wird (...)".

Heinroth habe sich ähnlich geäußert, daß der Wahnsinn "das Böse überhaupt" sei.[42]

Im Jahre 1821 erscheint Arthur Schopenhauers Hauptwerk, *Die Welt als Wille und Vorstellung.*

In diesem Hauptwerk gibt Schopenhauer eine kurze Erörterung des Wahnsinns und schreibt, daß ein richtiger, deutlicher Begriff dessen, was den Wahnsinnigen vom Gesunden unterscheidet, seines Wissens noch nicht gefunden sei. Weder Vernunft noch Verstand sei ihnen abzusprechen.

"Meistens nämlich irren die Wahnsinnigen durchaus nicht in der Kenntnis des unmittelbar **Gegenwärtigen;** sondern ihr Irrereden bezieht sich immer auf das **Abwesende** und **Vergangene**, und nur dadurch auf dessen Verbindung mit dem Gegenwärtigen. Daher nun scheint mir ihre Krankheit besonders das **Gedächtnis** zu treffen; zwar nicht so, daß es ihnen ganz fehlte: denn Viele wissen Vieles auswendig

---

[40]Schopenhauer, Arthur, Der handschriftliche Nachlaß II, S. 18.
[41]Schopenhauer, Arthur, ebd., S. 18-19.
[42]Foucault, Michel, ebd., S. 546.

und erkennen bisweilen Personen, die sich lange nicht gesehen, wieder; sondern vielmehr so, daß der Faden des Gedächtnisses zerrissen, der fortlaufende Zusammenhang desselben aufgehoben und keine gleichmäßig zusammenhängende Rückerinnerung der Vergangenheit möglich ist. Einzelne Scenen der Vergangenheit stehen richtig da, so wie die einzelne Gegenwart; aber in ihrer Rückerinnerung sind Lücken, welche sie dann mit Fiktionen ausfüllen (...) Dieserhalb ist es so schwer, einem Wahnsinnigen, bei seinem Eintritt ins Irrenhaus, seinen früheren Lebenslauf abzufragen. Immer mehr nun vermischt sich in seinem Gedächtnisse Wahres mit Falschem. Obgleich die unmittelbare Gegenwart richtig erkannt wird, so wird sie verfälscht durch den fingirten Zusammenhang mit einer gewähnten Vergangenheit: sie halten daher sich selbst und Andere für identische mit Personen, die bloß in ihrer fingierten Vergangenheit liegen".[43]

Zentner schreibt, daß Schopenhauer sich hier, bereits 1814, zum Wahnsinn äußert, dessen Theorie er 1844 niederlegen sollte. Er spricht vom Wahnsinn als von einer "Zerrüttung des Gedächtnisses"[44] und leitet ihn nicht von der Konstitution, sondern aus der Lebensgeschichte ab. Es seien "Unglücksfälle", die, weil sie "das Gemüth zu verwinden zu schwach ist", aus dem Gedächtnis "vertilgt" und durch andere Bilder und Begebenheiten ersetzt werden[45].

Im Buch II, Kapitel 32, *Über den Wahnsinn*, 1844 erschienen, legt Schopenhauer seine Theorie zum Wahnsinn dar.

Er betont ausdrücklich, daß er sich mit seinen Überlegungen auf den ***>psychischen Ursprung<*** des Wahnsinns bezieht, der durch äußere, objektive Tatsachen herbeigeführt sei, äußert sich jedoch auch zu den somatischen Hintergründen:

"Oefter jedoch beruht er auf rein somatischen Ursachen, auf Mißbildungen, oder partiellen Desorganisationen des Gehirns, oder seiner Hüllen, auch auf den Einfluß. welche andere krankhaft affizirte Theile auf das Gehirn ausüben. Hauptsächlich bei letzterer Art des Wahnsinns mögen falsche Sinnesanschauungen, Hallucinationen, vorkommen. Jedoch werden beiderlei Ursachen des Wahnsinns meistens von einander participieren, zumal die psychische von der somatischen. (...) Ich habe die psychische Entstehung des Wahnsinns dargelegt, wie sie bei dem, wenigstens allem Anschein nach, Gesunden durch ein großes Unglück herbeigeführt wird. Bei dem somatisch bereits stark dazu Disponirten wird eine sehr geringe Widerwärtigkeit dazu hinreichend seyn: so z. B. erinnere ich mich eines Menschen im Irrenhause, welcher Soldat gewesen und wahnsinnig geworden war, weil sein Offizier ihn mit Er angeredet hatte. Bei entschiedener körperlicher Anlage, bedarf es, sobald diese zur Reife gekommen, gar keines Anlasses. Der aus bloß psychischen Ursachen entsprungene Wahnsinn kann vielleicht, durch die ihn erzeugende, gewaltsame Verkehrung des Gedankenlaufs, auch eine Art Lähmung oder sonstige Depravation irgend welcher Gehirntheile herbeiführen, welche, wenn nicht bald behoben,

---

[43] Schopenhauer, Arthur, Die Welt als Wille und Vorstellung I, S. 260-261.

[44] Schopenhauer, Arthur, Der handschriftliche Nachlaß I, S. 88.

[45] Schopenhauer, Arthur, ebd., S. 88.

bleibend wird; daher Wahnsinn nur im Anfang, nicht aber nach längerer Zeit heilbar ist".[46]

Es gebe die Manie, welche mit Raserei einher gehe, aber ohne dabei Verrücktheit zu zeigen. Dazu habe *Pinel* sich positiv, *Esquirol* dagegen negativ geäußert. Bei dieser Krankheit zeige sich der Wille als Strom, der gleichsam den Damm durchbrochen habe. Sei der Anfall vorüber und die Vernunft habe die Herrschaft wiedererlangt, sie ihre Funktion regelrecht,

"(...), da ihre eigene Thätigkeit hier nicht verrückt und verdorben ist, sondern nur der Wille das Mittel gefunden hat, sich ihr auf eine Weile ganz zu entziehen"[47].

Schopenhauer hat hier das Wesen der affektiven Psychose Manie klar erkannt, die sich bis zur Tobsucht steigern kann. Ein Wahn <kann> bei einer Manie als Symptom auftreten, gehört aber <nicht unbedingt> zum Krankheitsbild dazu.

Es zeigt außerdem, wie vertraut er mit dem Stand der Ursachenforschung und Symptomatologie der Geisteskrankheiten seiner Zeit, aus medizinischer Sicht, war.

Etienne D. Esquirol, ein berühmter Psychiater seiner Zeit, hatte zahlreiche verschiedene Ursachen aufgezählt:

"Das Klima, die Jahreszeiten, das Geschlecht, das Temperament, das Geschäft, die Lebensart haben Einfluß auf die Häufigkeit, den Charakter, die Dauer, die Krisen und die Behandlung der Geisteskrankheiten. Auch wird die Krankheit noch durch Gesetze, Zivilisation, Sitten, politische Lage der Völker verändert, ebenso durch nähere Ursachen, die von unmittelbarem und leichter zu schätzendem Einfluß sind".[48]

Schopenhauer grenzt dieses umfassende Gebiet ein auf die Entstehung des <psychischen Wahnsinns> und stellt <seine> Theorie folgendermaßen vor:

"Die eigentliche Gesundheit des Geistes besteht in der vollkommenen Rückerinnerung. Freilich ist diese nicht so zu verstehen, daß unser Gedächtniß Alles aufbewahrt. Denn unser zurückgelegter Lebensweg schrumpft in der Zeit zusammen, wie der des zurücksehenden Wanderers im Raum: (...) Eigenlich aber sollten nur die ganz gleichen und unzählige Mal wiederkehrenden Vorgänge, deren Bilder gleichsam einander decken, in der Erinnerung zusammenlaufen, daß sie individuell unkenntlich werden: hingegen muß jeder irgend eigenthümliche, oder bedeutsame Vorgang in der Erinnerung wieder aufzufinden seyn; wenn der Intellekt

[46]Schopenhauer, Arthur, Die Welt als Wille und Vorstellung II, S. 467-468.
[47]Schopenhauer, Arthur, ebd., S. 468.
[48]Esquirol, E. D.,(1838), Von den Geisteskrankheiten, S. 33.

normal, kräftig und ganz gesund ist. - Als den **zerrissenen** Faden dieser, wenn auch in stets abnehmender Fülle und Deutlichkeit, doch gleichmäßig fortlaufenden Erinnerung habe ich im Text den **Wahnsinn** dargestellt"[49].

Demnach besteht die Gesundheit in der vollkommenen Rückerinnerung.
Er fährt fort:

"Die im Text gegebene Darstellung der Entstehung des Wahnsinns wird faßlich werden, wenn man sich erinnert, wie ungern wir an Dinge denken, welche unser Interesse, unsern Stolz, oder unsere Wünsche stark verletzen, wie schwer wir uns entschließen, Dergleichen dem eigenen Intellekt zu genauer und ernster Untersuchung vorzulegen, wie leicht wir dagegen unbewußt davon wieder abspringen, oder abschleichen. (...) In jenem Widerstreben des Willens, das ihm Widrige in die Beleuchtung des Intellekts kommen zu lassen, liegt die Stelle, an welcher der Wahnsinn auf den Geist einbrechen kann. Jeder widrige neue Vorfall nämlich muß vom Intellekt assimilirt werden, d. h. im System, der sich auf unseren Willen und sein Interesse beziehenden Wahrheiten eine Stelle erhalten, was immer Befriedigenderes er auch zu verdrängen haben mag. Sobald dies geschehen ist, schmerzt er schon viel weniger: aber diese Operation ist oft sehr schmerzlich, geht auch meistens nur langsam und mit Widerstreben von Statten. Inzwischen kann nur sofern sie jedesmal richtig vollzogen worden, die Gesundheit des Geistes bestehen. Erreicht hingegen (...) das Widerstreben und Sträuben des Willens wider die Aufnahme einer Erkenntniß den Grad, daß jene Operation nicht rein durchgeführt wird; werden demnach dem Intellekt gewisse Vorfälle oder Umstände völlig unterschlagen, weil der Wille ihren Anblick nicht ertragen kann; wird alsdann, des nothwendigen Zusammenhangs wegen, die dadurch entstandene Lücke beliebig ausgefüllt; - so ist der Wahnsinn da. Denn der Intellekt hat seine Natur aufgegeben, dem Willen zu gefallen: der Mensch bildet sich jetzt ein was nicht ist. Jedoch wird der so entstandene Wahnsinn jetzt der Lethe unerträglicher Leiden: er war das letzte Hülfsmittel der geängstigten Natur, d. i. des Willens".[50]

Zentner schreibt, daß Schopenhauer an einer anderen Stelle diese Gedanken komprimierter ausdrückt, daß man

"wahnsinnig wird" indem man sich "der Realität, wie sie in der Erinnerung liegt, entschlägt, und Fiktionen an ihre Stelle setzt".[51]

Warum nun ist "der Faden des Gedächtnisses", wie Schopenhauer sagt, zerrissen"? Warum besteht für gewisse Erinnerungen eine Amnesie? Nach *Zentner* zweifelt Schopenhauer nicht daran, daß es eine <aktive Kraft> gibt, die an der Wurzel der Amnesie tätig ist. Diese Kraft wird in den Abwehrmechanismen der Verdrängung deutlich. Es gibt einen Widerstand des Subjekts gegen schmerzliche Erlebnisse. Diese sollen von daher nicht in das Bewußtsein treten und

[49]Schopenhauer, Arthur, ebd., S. 464
[50]Schopenhauer, Arthur, ebd., 466.
[51]Schopenhauer, Arthur, Der handschriftliche Nachlaß III, S. 374.

auch keine Erinnerungen hinterlassen. Schopenhauer spricht in diesem Zusammenhang von vertilgen.

Voraussetzung für diesen Vorgang ist eine Schwäche des "Gemüths", wie Schopenhauer sagt. Bezeichnet wird damit eine Schwäche in der Persönlichkeit des Individuums. Diese Schwäche macht den Abwehrvorgang zu einer Lebensnotwendigkeit. In diesem Falle, dann wenn die Gefahr eines Unterliegens des Individuums gegeben ist, sagt Schopenhauer, wird der Faden des Gedächtnisses zerrissen.

Was nun ist unter dieser <aktiven Kraft> zu verstehen, die an der Wurzel der Amnesie tätig ist.?

Für Schopenhauer gibt es <ein Vorhandenes>, daß von unserem Erkennen unabhängig ist. *Susanne Möbus* schreibt dazu, daß darunter ein <vitales Prinzip>, die <Lebensenergie> zu verstehen ist.[52]

Schopenhauer spricht davon, daß sich der Wille in der Vielheit der Erscheinungen objektiviert. So ist er in den allgemeinsten Kräften der Natur, im Mineral, der Pflanze und dem Tier bis hin zum Menschen tätig. Mit Schopenhauers eigenen Worten: "In jeglichem Ding der Natur, in jedem Lebenden, ganz und gar ungetheilt gegenwärtig"[53].

Der Mensch erfährt sich, nach *Susanne Möbus* nicht allein erkennend im Bezug auf seine Außenwelt, sondern auch durch den Bezug auf seinen eigenen Körper. Schopenhauer bemerkt dazu:

"Nun aber wurzelt er [der Mensch] selbst in jener Welt, findet sich nämlich selbst als **Individuum,** d. h. sein Erkennen, welches der bedingte Träger der ganzen Welt als Vorstellung ist, ist dennoch durchaus vermittelt durch einen Leib, dessen Affektionen, wie gezeigt, dem Verstande der Ausgangspunkt der Anschauung jener Welt sind. Dieser Leib ist dem rein erkennenden Subjekt als solchem eine Vorstellung wie jede andere, ein Objekt unter Objekten: die Bewegungen, die Aktionen desselben sind ihm in soweit nichts anderes, als wie die Veränderungen aller anderen anschaulichen Objekte bekannt, und wäre ihm ebenso fremd und unverständlich, wenn die Bedeutung derselben ihm nicht etwan auf eine ganz andere Art enträthselt wäre. (...) Er würde dann das innere, ihm unverständliche Wesen jener Aeußerungen und Handlungen seines Leibes, eben auch eine Kraft, eine Qualität, oder einen Charakter, nach Belieben, nennen, aber weiter keine Einsicht darin haben. Diesem allen ist nun aber nicht so: vielmehr ist dem als Individuum

---

[52] Vgl. Möbus, Susanne, Schopenhauer für Anfänger, S. 82.

[53] Schopenhauer, Arthur, Die Welt als Wille und Vorstellung I, S.186.

erscheinenden Subjekt des Erkennens das Wort des Räthsels gegeben: und dieses Wort heißt **Wille**".[54]

Welche Position bekleidet bei Schopenhauer nun der Intellekt?

Er ist für Schopenhauer eine Objektivation des Willen. Wenn der Wille das Primäre ist, so der Intellekt das Sekundäre. Schopenhauer schreibt:

dazu:

"Der Wille, als das Ding an sich, macht das innere, wahre und unzerstörbare Wesen des Menschen aus: an sich selbst ist er jedoch bewußtlos. Denn das Bewußtsein ist bedingt durch den Intellekt, denn dieser ist ein bloßes Accidenz unseres Wesens.(...) Der Intellekt ist das sekundäre Phänomen, der Organismus das primäre, die unmittelbare Erscheinung; des Willens; - der Wille ist metaphysisch, der Intellekt physisch; - der Intellekt ist, wie seine Objekte, bloße Erscheinung; Ding an sich ist allein der Wille".[55]

Schopenhauer erklärt des Bewußtsein wie folgt: "Denn das Bewußtsein ist bedingt durch den Intellekt"[56].

Zum Selbstbewußtsein äußert er sich:

"Nicht nur das Bewußtseyn von anderen Dingen, d. i. die Wahrnehmung der Außenwelt, sondern auch des **Selbstbewußtseyn** enthält, (...) ein Erkennendes und ein Erkanntes, sonst wäre es kein Bewußstsein. (...)Als das Erkannte im Selbstbewußtsein finden wir nun aber ausschließlich den Willen. Denn nicht nur das Wollen und Beschließen, im engsten Sinne, sondern auch alles Streben, Wünschen, Fliehen, Hoffen, Fürchten, Lieben, Hassen, kurz Alles was das eigne Wohl und Wehe, Lust und Unlust unmittelbar ausmacht, ist offenbar nur Affektion des Willens, ist Regung, Modifikation des Wollens und Nichtwollens, ist eben Das, was, wenn es nach außen wirkt, sich als eigentlicher Willensakt darstellt".[57]

Am Beispiel der Pflanze als Sinnbild des Bewußtseins, am Beispiel ihrer Pole Wurzel und Krone, stellt Schopenhauer das Primat des Willens dar und schreibt:

"Die Wurzel ist das Wesentliche, Ursprüngliche, Perennirende, dessen Absterben das der Krone nach sich zieht, ist also das Primäre; die Krone hingegen ist das Ostensible, aber Entsprossene und, ohne daß die Wurzel stirbt, Vergehende, also Sekundäre. Die Wurzel stellt den Willen, die Krone den Intellekt vor, und der Indifferenzpunkt beider wäre Das Ich, welches, als gemeinschaftlicher Endpunkt, Beiden angehört".[58]

---

[54]Schopenhauer, Arthur, ebd., § 18, S. 150-151.
[55]Schopenhauer, Arthur, Die Welt als Wille und Vorstellung II, S. 232-234.
[56]Schopenhauer, Arthur, ebd., S. 232.
[57]Schopenhauer, Arthur, ebd., S. 233-234.
[58]Schopenhauer, Arthur, ebd., S. 234.

Nachdem die Begriffe Wille, Intellekt, Bewußtsein und Selbstbewußtsein und ihre Beziehung zueinander erläutert wurden, gilt es die Beziehung zu der Frage nach der Notwendigkeit einer Amnesie wieder aufzugreifen. Der Wille an sich ist erkenntnisloser, blinder Drang, will nur sich selbst, will sich in allem objektivieren, will unaufhörlich in die Erscheinung treten. Schopenhauer sagt dazu:

" Jeder Blick auf die Welt, welche zu erklären die Aufgabe des Philosophen ist, bestätigt und bezeugt, daß **Wille zum Leben,** weit entfernt eine beliebige Hypostase, oder gar ein leeres Wort zu seyn, der allein wahre Ausdruck ihres innersten Wesens ist. Alles drängt und treibt zum **Daseyn,** wo möglich zum **Organischen,** d. i. zum **Leben,** und danach zur möglichsten Steigerung desselben".[59]

So ist der Wille nicht nur der Motor des Fortpflanzungstriebes, sondern auch des Selbsterhaltungstriebes. Von daher hält er von dem Individuum alles fern, was eine Störung dieses Ablaufs bedeuten würde.

Schopenhauer äußert sich folgendermaßen dazu:

"Wenn wir den Willen, da wo ihn Niemand leugnet, in den erkennenden Wesen, betrachten; so finden wir überall, als seine Grundstrebung die **Selbsterhaltung** eines jeden Wesens; (...) Alle Aeußerungen dieser Grundstrebung aber lassen sich stets zurückführen auf ein Suchen, oder Verfolgen, und ein Meiden, oder Fliehen, je nach dem Anlaß".[60]

Da der Intellekt, Bewußtsein und Selbstbewußtsein, vom Willen gesteuert werden, arbeiten sie unbewußt in seinem Auftrag. So ist die Notwendigkeit einer Amnesie gegeben, um die Erinnerung an ein schmerzvolles Ereignis, einen unlustbetonten Vorgang, nicht bewußt werden zu lassen, ihn fern zu halten, um das Individuum nicht zu gefährden, seine Erhaltung zu sichern. Im Falle der Amnesie ist es die Flucht ins Vergessen.

Das Loch, das die Amnesie in der Erinnerung hinterlassen hat, wird jetzt, ersatzweise, durch "Fiktionen" ausgefüllt um die Erinnerungs-"Lücke" zu schließen.[61]

---

[59]Schopenhauer, Arthur, ebd., S. 410.

[60]Schopenhauer, Arthur, ebd., S. 347-348.

[61]Schopenhauer, Arthur, Der handschriftliche Nachlaß I, S. 88, und ebd. III, S. 374.

Somit hat dieser Vorgang eine Funktion. D. h., nur die Phantasien werden zugelassen, welche ärmer an Spannung sind.

Schopenhauer drückt diesen Vorgang mit eigenen Worten so aus:

"Wenn nun ein solcher Kummer, ein solch schmerzliches Wissen, oder Andenken, so quaalvoll ist, daß es schlechterdings unerträglich fällt, und das Individuum ihm unterliegen würde, - dann greift die dermaaßen geängstigte Natur zum **Wahnsinn** als zum letzten Rettungsmittel des Lebens: der so sehr gepeinigte Geist zerreißt nun gleichsam den Faden seines Gedächtnisses, füllt die Lücken mit Fiktionen aus und flüchtet so sich von dem seine Kräfte übersteigenden geistigen Schmerz zum Wahnsinn, - wie man ein vom Brande ergriffenes Glied abnimmt und es durch ein hölzernes ersetzt".[62]

Somit wird die Flucht in das Vergessen angetreten, auch wenn damit der Wahnsinn erkauft wird.

2.5 Wahnsinn und Wahn aus der psychiatrischen Sicht des 20. Jahrhunderts.

Karl Peter Kisker und *Erich Wulff* geben eine Definition des Wahns vom Stand der heutigen Psychiatrie aus.

Alltagssprachlich sei mit Wahn jede Abweichung des subjektiven Realitätsurteils von den anerkannten kulturellen und gesellschaftlichen Wirklichkeitsdeutungen gemeint. Nach *Jaspers* (1913-1915) sei dieser Begriff eines der größten <Rätsel> und werde als Wort für ganze heterogene Erscheinungen angewendet. Die Begriffe <wahnsinnig> und <geistesgestört> seien gleichbedeutend gewesen und als Zeichen für <Verrücktheit> angewendet worden.

Entstanden sei der Begriff zu Beginn des 19. Jahrhunderts, und von *Esquirol* mit <Monomanie intellectuell> bezeichnet worden. *Bleuler* (1911) nach seien <Wahnideen> unrichtige Vorstellungen, nicht entstanden aus einer Zufälligkeit der Logik, sondern aus einem inneren Bedürfnis heraus geschaffen worden. *E. Kretschmer* (1921) erkläre Wahn aus charakterologischer Sicht, seiner Typenlehre nach, die sich Körperbau und Charakter als einander bedingend vorstellt.

---

[62]Schopenhauer, Arthur, Die Welt als Wille und Vorstellung I, S. 262.

A. Storch lege dem Wahn magisch-mythologische Erlebnisformen zugrunde.

Kisker/Wulff führen aus, daß der Wahn in den unterschiedlichsten Formen zum Ausdruck gelange:
als Versündigungs- und Verarmungswahn der Depression, als hypochondrischer oder nihilistischer Wahn, der sich in den Vorstellungen, versteinert, vertrocknet, tot zu sein ausdrückt, bezogen auf die ihnen entsprechenden Krankheitsformen. Den Alkoholikern wird der Eifersuchtswahn zugerechnet und den Schizophrenen ein Vernichtungs- und Weltuntergangswahn. Berufungs- und Größenwahn könnten außer bei exogenen (körperlich begründeten) und endogenen (unbekannte Genese), affektiven als auch schizophrenen Psychosen auftreten. Auch als erlebnisreaktive Entwicklung sei er festzustellen. Außerdem lassen sich die Wahnerlebnisse aus unerträglichen Erlebnissen erklären. *Kisker/Wulff* schreiben dazu :

> "Wahnerlebnisse lassen sich manchmal auch als Antworten auf bestimmte, unerträgliche lebensgeschichtliche Situationen erklären, zu denen dann gegriffen wird, wenn andere, weniger radikale Abwehr- und Bewältigungsformationen - z. B. eine neurotische Form von Abwehr in Form eines Vermeidungsverhaltens - zusammengebrochen sind oder von vornherein nicht zur Verfügung standen. Dabei muß eine vorbestehende Vulnerabilität vorausgesetzt werden".[63]

Das Vulnerabilitäts-Streß-Modell nimmt eine besondere psychische Verletzlichkeit (Vulnerabilität) als Entstehungsursache für schizophrene Erkrankungen an. Dadurch allein bricht eine Schizophrenie jedoch nicht aus. Hinzu kommen als Auslöser besondere Belastungen, die den verletzlichen Menschen überfordern, die er nicht bewältigen kann. Die schizophrenen Krankheitssymptome können somit als Versuch betrachtet werden, diesen Belastungen zu entfliehen. Halluzinationen und Wahn

---

[63] Kisker, Karl Peter, Wulff, Erich, Psychiatrie, Psychosomatik, Psychotherapie, Abschnitt Wahn, S. 322.

können von daher als Hilfsmittel zur Bewältigung, als Flucht, betrachtet werden.[64]

Zum Thema <Amnesie> hat sich auch *Bleuler* ausführlich geäußert, und vertritt die Auffassung, daß diese, wenn sie inhaltlich umschrieben sind, auf Erinnerungen zurückführen, die dem Selbstbewußtsein unerträglich wurden. Als Beispiel führt er sog. Dämmerzustände an[65]. In Hinblick auf die <psychoreaktive> Entstehung des Wahns stellt er fest, daß die Mehrzahl der psychiatrischen Schulen sich in diesem Punkte über den Zusammenhang einig sind. Im Kontext spricht *Bleuler* von affektbetonten und überwertigen Ideen, sowie überwertigen und schiefen Einstellungen Gesunder, und rückt somit den Wahn in die Nähe des Normalen. Uneinigkeit besteht bei den Schulen jedoch darüber, ob <alle> Wahnideen diese enge Bindung an die Psychodynamik der Kranken haben. Von *Bleulers Züricher Schule* wird dies bejaht. Das Wahndenken werde zwar durch die Gefühls- und Denkstörungen schizophrener und organischer Psychosen erleichtert, hängt nach Auffassung der *Züricher Schule* jedoch gleichfalls eng mit den persönlichen Wünschen und Befürchtungen zusammen.[66]

Außerdem macht, analog Schopenhauer, auch *Bleuler* die Beobachtung, daß außerhalb des Wahnsystems Logik und Ideenlauf der vom Wahn Befallenen intakt sind, und nennt in diesem Zusammenhang das psychiatrische Krankheitsbild Paranoia. Handelt es sich bei den so Erkrankten um ansonsten intelligente Menschen, werden sie, selbst für den Fall, daß sie Berufe mit hohen intellektuellen Ansprüchen ausüben, ihrem Beruf vollauf gerecht.[67]

---

[64]Vgl. Posininsky, H., Schaumburg, C., Schizophrenie.- was ist das?, S. 51.
[65]Vgl. Bleuler, Eugen, Lehrbuch der Psychiatrie, S. 55.
[66]Vgl. Bleuler, Eugen, ebd., S. 473.
[67]Vgl. Bleuler, Eugen, ebd., S. 474.

3. Zusammenfassung und Schlußbemerkung

Das steigende Interesse an den Wissenschaften im 17. und 18. Jahrhundert hatte auch zu einer Ansammlung von Beobachtungen und Daten über den Wahnsinn geführt.

Seit *Kant* galt er als Störung menschlicher Vernunft und des Erkenntnisvermögens. Diese Störung war, seiner Meinung nach, nicht heilbar und daher die Unterbringung der also Betroffenen in eine Irrenanstalt eine unbedingte Maßnahme. Die Dekompensation, die <Entordnung> der so Gestörten, sollte durch ein <äußeres Ordnungssystem> kompensiert werden. Nach Auffassung der Aufklärung wurde der Wahnsinn hervorgerufen durch körperliche Ursachen und durch unbeherrschbar gewordene Leidenschaften. Dank des Einflusses der Vernunft von außen, sollte der Irre unter Zuhilfenahme von Zwangsmaßnahmen auf Körper und Geist aus der <Verrücktheit> in den Zustand des <Zurechtgerücktseins> überführt werden.

Zu Ende des 18. Jahrhunderts wird das Phänomen Wahnsinn zunehmend in der Kunst thematisiert.

Deutlich wird dies in den Dichtungen von *Spiess*, *Tieck* und *Goethe,* die sich, bezüglich der Entstehung des Wahnsinns, noch an der Auffassung der Aufklärung orientieren.

Die Kritik der Romantik an der Aufklärung, führte zu einer Abwendung von der Betonung der Herrschaft von Vernunft und Verstand hin zum <Gemüth>, zum Gefühl, damit zur Erforschung des Unbewußten, und der Natur. Sie bezieht sich in ihren Erklärungen auf diesen Urgrund.

Deutlich wurde dies in den Dichtungen von *Jean Paul* und *Boneventura.* Wahnsinn wurde, in Anlehnung an die Auffassung der Antike, als höheres Bewußtsein, nach *Schelling als* <das tiefste Wesen menschlichen Geistes>[68] begriffen. Er wurde als <höheres

---

[68]Ziolkowski, Theodore, ebd., S. 260

poetisches Wissen>[69] betrachtet. Diese Auffassung rückte den Wahnsinnigen wider in die Nähe eines Weisen, gar Heiligen.

E.T.A. Hoffmann, orientiert an den Aussagen namhafter Psychiater seiner Zeit, beschränkte sich jedoch nicht nur auf die Fiktionen. Er sah sowohl die Stellungnahme der Mediziner als <auch> der Philosophen und damit der damaligen Psychologen, als wichtige Voraussetzung zur Begutachtung des Wahnsinns an.

Schopenhauer zeigt sich als Empirist. Er nimmt den persönlichen Kontakt zu den Geisteskranken auf, studiert die Symptome derselben aus eigener Anschauung und deren Vermittlung durch schriftlichen Äußerungen. In seinen Ausführungen zum Wahnsinn aus <psychischen> Gründen ist er der Erste, der <das Leiden> als Ursache des Symptoms Wahnsinn erkennt. In eindrucksvollen Worten schildert er dessen Entstehung. Seine Theorie ist in die Ursachenforschung der Psychosen und der Entstehung des Wahns eingeflossen. Dieser Weg erfolgte nicht zuletzt über die Psychoanalyse. Es ist dabei ganz erstaunlich, wie sich *Sigmund Freud* des Gedankenguts Schopenhauers bediente, sich dieser Tatsache aber durchaus bewußt war:

> „Die wenigsten Menschen dürften sich klar gemacht haben, einen wie folgenschweren Schritt die Annahme unbewusster seelischer Vorgänge für Wissenschaft und Leben bedeuten würde. Beeilen wir uns aber hinzuzufügen, dass nicht die Psychoanalyse diesen Schritt zuerst gemacht hat. Es sind namhafte Philosophen als Vorgänger anzuführen, vor allem der große Denker Schopenhauer, [...].[70]

Freuds Verdrängungslehre, seine Theorien über die Entstehung neurotischer Symptome bis hin zur den Ursachen einer Psychose, sind in Schopenhauers Schriften bereits präsent. Von daher möchte ich zum Abschluß Schopenhauer noch einmal zitieren:

"Jedoch wird der so entstandene Wahnsinn jetzt der Lethe unerträglicher Leiden"[71].

---

[69]Vgl. Ziolkowski, Theodore, ebd. S. 260.

[70] Freud, Sigmund, GSW, Band XII, S. 12.

[71]Schopenhauer, Arthur, ebd., S. 466.

Schopenhauer sieht den Wahnsinn als <Leidensbewältigung>, als Versuch einer Kompensation der ursprünglich <unerträglichen Leiden> und ist von daher eine Überlebensstrategie.
Der Versuch des Psychotikers mit Hilfe des Wahns, mit Hilfe von Fiktionen, zu einer neuen Realitätsbewältigung zu kommen, kann neues Leid bedeuten und weiteres Leid bedingen.
Denn, sollte es nicht gelingen, analytisch an die Wurzel der <unerträglichen Leiden> zu gelangen, um die Psychose damit ihrer Notwendigkeit zu berauben, sollte eine erstrebte Anbindung an <unsere Realität> statt dessen eine medikamentöse Behandlung für notwendig erscheinen lassen, dann kann dieses für den Psychotiker neues Leid durch den Verlust seiner Wahnphantasien bedeuten, - das Erspüren der <Lücke> als <Leid der inneren Leere>.
So zeigt Schopenhauer zwar die Möglichkeit einer <Leidensbewältigung> durch den Wahnsinn auf. Doch ist dieser Weg ein durch das Leid selbst <erzwungener> und gleichfalls Leid, das neues Leid nach sich ziehen kann. Im Mittelpunkt seiner Ausführungen steht für mich demnach das <Leid>, welches der Psychotiker ursprünglich erfahren hat und sein <Leidensweg als Wahnsinniger>.

ANHANG II

Auszüge aus der Schrift des Charité-Patienten Ernst Hoeffner, die er dem jungen Arthur Schopenhauer hinterließ (Erstveröffentlichung)[415]

//1// Es ist nichts gefährlicher, wie ein Mensch, den man plötzlich von alle dem trennt, worin er sein Leben wie es ihm möglich wurde, suchte und fand. Er ist in den ersten Augenblicken der Verzweiflung nahe und wird er nicht vom guten Geist beseelt gesucht erleuchtet, so daß er Gott erkennt, bleibt er von sich eingenommen, und murret über das ihm werdende, nicht über sich selbst, so ist derselbe so ein Greuel, daß ihm solches durch allerley Benennungen nicht genug zu erkennen zu geben ist. Freilich kan er niemand wie es die Welt begreift schaden, aber der Welt unbegreiflich schadet er, und ist sehr gefährlich: seiner Natur nach sucht er nur zu täuschen, betrügen, belügen, bethören, verfinstern, verblenden, versuchen, verschlingen in sich zu bringen mit sich hinweg zu raffen, zu sich ins Verderben zu ziehen zu stürzen. Da dieses alles nicht sogleich vor seinen Augen wie er es nur sehen will ins dasein geht, so verliehrt sich der hohe Muth, und es entsteht der Gemüthskranke. Wer sich ihm in der Absicht nahet, um sein wahres Heil zu suchen, hat in keinem Betracht etwas zu fürchten, denn es ist gewiß, daß so wohl er wie dieser ganz nachdem wohin er sieht gelangt – wer auf sein Fleisch säet wird vom Fleisch das Verderben ernten, wer aber auf den Geist säet der wird vom Geist das ewige Leben ernten. Und wenn auch die Weisheit, das Erkenntniß, ja die //2// Sprache eines Menschen aufhorte, so darf er darum nicht verzagen, denn was er durch sie erringen soll wird ihm werden, und bleiben: ja es ist auch nothwendig soll ein neues hervorgehen, so muß das Alte aufhören; die Liebe das Band der Vollkommenheit wird nie aufhören. Die göttliche Liebe will nur trösten, beruhigen, erquicken, laben, stärken, aufrichten dem Verderben, dem Fluch, der Verdammniß und dem ewigen Tode entreißen: wo dieses erscheint da ist der Geist Gottes die vollkommne Liebe. Das erste was sich an solch einem abgesonderten Menschen zeigt ist der Wahn: alle seine lieblingsjahre und Pläne sind gescheitert, und es leichtet so, daß er in allen seinen Unternehmungen auf grades Wohl, ohngefähr und gut Glück oder auf das sogenannte Wenn es gelingt gebaunt hat ohne Gewisheit zu haben, ob sein Unternehmen wahrhaft dahin führt, wohin sich sein Geist sehnt, in dessen Besitz er Ruhe Friede hat. Schon in dem mißgelungenen Lebenswandel erscheint daß der Lebende irrt: er hat nicht gefunden was er natürlich sucht, folglich ist er im Irrthum ertapt, und so oft er nun dennoch nach seinen ehemaligen lieblings Jahre seine Wege sucht irrt derselbe noch. Es ist nichts kleines //3// wenn der Mensch zum Selbsterkenntniß gerufen und gebracht wird: auf solche weise wird das besiegte Laster erreicht, verscheicht, und es läßt sich hoffen daß einmal die Tugend erkannt, siegen allein herrschen wird und so ein vollkommnes hervorgeht was Gott bekennt. Es läßt sich hierüber Jahrelang Schreiben und Reden bis man zum Erkenntniß des Uebels gelangt: nur kann man sowohl finden, wie es sein Entstehen hat, als daß es durch die Wahrheit besiegt, verschwinden wird. Wo der Bedürfende in einen solchen Zustand versezt wird, daß ihm alle Bedürfniße ohne sein Thun zu fließen, da fordert die Gottheit: *du solst heilig sein denn ich bin heilig; das heißt mit wenig Worten so viel, du solst deinem bösen eigenen Willen der dich so sehr verwinkelte entsagen, und so gleichsam der Welt absterben, und solst nun erforschen welches der vollkommene gute Wille ist, daß du so den Willen Gottes in dir alleinherrschend hast.* Erkennst du nicht wie er dich auch in solcher Lage nicht vergißt, wo du zu jedem Geschäfte untauglich scheinst. Wie nun alles einstimmig dahin strebt daß du nicht zu Grunde gehest, so soll auch in dir //4// das heilige Verlangen wahrhaftig, alleinherrschend werden, dem zu leben der dir so göttlich lebt: auf daß so das hervorgehe in dem man Gott, gerecht, gut und einig erblickt, so daß nicht was einer will sondern was der Unendliche allein wahre Gott will geschehe. Alles was dir reicht, an Eßen, Trinken und Kleidung, solltest du alles selbst schaffen, denn was du durch daß alles zu Erreichen denkst, ist das Reich Gottes in allem. So mußt du nun alles dies dem Reichen, der sich dir weihte, gieb ihm noch so viel, du wirst ihm nicht mehr geben wie er dir ungefordert brachte. //5// Wer nicht in Christo Jesu dem Sohne Gottes bleibt, der wird weggeworfen ins Feuer, muß brennen. *Der Mensch wird theils durch das was er zu seiner Unterhaltung bedarf, theils durch den Hang nach Vergnügungen und dem Verlangen nach Lust, gewiße Dinge, Oerter und Gegenden zu denen er seine Mitmenschen hinströhmen sieht, um solches alles da zu finden, so sehr gefesselt, daß derselbe nur durch das ihm größer scheinende von demselben lassen, los werden kann. Solange nun derselbe mit seinem Vermögen in der Welt dahin strebt, um sich, so viel ihm möglich wird, von der Welt zuzueignen, und so die in ihm rege werdenden Verlangen zu stillen, knüpft er so manches Band, welches er fürchten muß*: denn welcher Genner, welcher Freund giebt sich ihm so, daß er dem mit ihm gethanen Schritt nie bereuen müßte; muß ich nicht wenn ich der Natur des Menschen nach schließe, fürchten, der Erwählte wird mich blos nützen und so nur den Augenblick herbei wünschen indem er mich und das Meine für sich verschlungen hat; so, daß er ganz nach //6// seinem Willen gehe, weil er von seiner Eigenliebe verführt nur seinen Planen und Entwürffen etwas zuschreibt, und da er auch vieleicht gar keine Ueberzeigung von Echtheit für sich hatt, so wird das mit ihm geschloßne Band nichts wie ein Wagestück, also auch keine Ruhe für den Menschen erzeigt. Bei allem diesem Muthmaßen muß der Lebende dennoch um seiner selbst willen mit nahen und entfernten anbinden, um so zu dem zu gelangen, in dessen Besitz derselbe sich glücklich glaubt. Die Erfahrung lehrt, wie einer den andern betrog und stürzte. *Und wenn auch noch so verstekt gehandelt wird, so zeigt sich doch sehr bald die wahre Gestallt in dem, daß jeder nur das Seine sucht: der mag auch noch so herrliche Worte von sich geben, und noch so viel Wärme blicken lassen, so ist das gerade der gefährlichste Augenblick in dem sich der Mensch befindet; weil er in solchem Zeitpunkt sehr leicht hintergangen wird. Doch was sag ich gefährlich – es ist für den Menschen auch gut wenn derselbe in seinen Unternehmungen //7// nicht was er will erreicht, ja wenn ihm alles fehl schlägt – denn über kurz oder lang bringt ihn was er suchte dahin, wo von er nichts hören nichts wissen will.* Wenn der Punkt da ist, wo der Mensch vom Unternehmungs Geist getrieben, sich diesem aber jenem in der Absicht nahet, um so eine vortheilhafte Verbindung zu schließen: so findet er sehr oft den Mißtrauischen, aber auch den Uebermüthigen, der ihn von sich weist, der ihn nur dann aufnimt wenn er eine glänzende Aussicht schimern sieht. Welche Kränkungen sind das für ein göttliches Gefühl. Und wenn das Gehoffte fehlschlägt, so entstehen die greßlichsten Entrüstungen, die bittersten Vorwürfe, ja wohl gar Verzweiflung. *Da nun der Mensch nicht ohne solche Verbindungen, und nicht ohne das, was er zu erobern sucht, bestehen, fortdauren, leben kann, so ist auch deutlich zu erkennen, daß er mit dem Menschen, als unzertrennlich verbunden, eins ist*: in dem nun derselbe sein Verlangen richtet, nach dem er mit seinem Vermögen strebt, in //8// ihm sein Wille ruft, das ist es auch was er so zu betrachten hatt, als wär er in demselben; und dasselbe ist sein Schuz. Wohin dieses geräth dahin wird auch der Mensch mit fortgerissen, ja alle dem es ausgesezt ist, ist auch der

Lebende mit ausgesezt. So vergänglich es ist, so ungewis so unruhig ist auch der, der in demselben sein Bestehen suchte. *Wer in den Gegenständen die die Welt als etwas aufstellt sein Leben sucht und finden will, der sucht auch zugleich seiner Natur nach die ganze Welt an sich zu reißen: denn ein Theil derselben giebt ihm immer noch nicht das was er seiner Bestimmung gemäß sucht; er wird von seinem gelungenen Unternehmen zu andern verführt und findet nicht eher Ruhe oder Gewißheit in sich als bis alles was ihm als zu erobern deucht, in seiner Gewalt ist. Da nun dieser natürliche Trieb in jedem Menschen ist, so entsteht daraus eine verborgen haltende Feindschaft, die nur begierig auf den Sturz eines Menschen wartet der solchen Trieb in seinen Handlungen blicken läßt. Hatt der Lebende einmal //9// solch einen Entschluß in sich gefaßt, so sucht er einen jeden seiner Mitmenschen durch Versprechungen an sich zu fesseln und so durch und mit ihm in seinem Grimmen immer größere Fortschritte zu machen. Aber wie sehr betrügt er sich selbst, denn ist grade der der sich nur darum mit ihm einließ der geringste mit dem er sich einließ um so zu der Höhe empor zu steigen, die jener sich träumt. Einer von ihnen soll es aber nur werden, denn jeder will es allein sein, drum ist diese verborgen haltende Feindschaft so ein Greuel, daß sie nicht zu schildern ist. Bald zeigt sie sich in dem daß keiner gegen den andern aufrichtig ist, sondern durch Umschweif und Lüge täuscht: jeder lebt immer in der, sich selbst gemachten Hoffnung, er werde den andern überleben; und so tritt denn so mancher Aerger und unausstehliche Kränkung ein, die sich verborgen einschleichen; derselbe geht ohne daß sich einer gegen den andern etwas äußert, in ihnen selbst vor; auch entstehen Aeußerungen, Stürme, Krieg und Ermordungen; kurz es trachtet einer nach dem andern //10// und zulezt nach der Welt, und in diesem Irrtum überrascht sie der Tod.* Denn was sucht er, was will er kömmt, und findet die vergessene, daß er nur sein eigen Leben liebt so sagt sie ihm du findest es so nie, und wird ihm gerne ein hellisches Feuer. *Was ist daher wohl wichtiger als das, was mein ich, meine Bestimmung, ja woher ich bin, wohin ich gehe, lehrt: daß ich mich selbst erkenne,* und nun finde daß ein Gott ein Christus ist; und daß mir ein Weg zum Ziel gebahnt, eine Wahrheit die mich bestimmen soll gegeben, mein Leben wie es Gott wohlgefällig geoffenbaret ist; auf daß ich so den Zweck meines Daseins finde, erringe. Dieses alles lehrt Jesus der Sohn Gottes, im Namen des allein wahren Gottes, des Vaters: so würde denn kein anderer, kein eigen erwähltes; sondern nur allein das geschehen, was wir als den Willen der heiligen Dreieinigkeit erkennen. Es ist daher das einzig zu erwählende, daß wir den allein wahren Gott, und den er nur gesannt hat, Jesum Christum erkennen. //11// Wenn ich mit dem Verstande das Entstehen der Dinge betrachte so finde ich den Einfluß des einen in das andre, so, daß ich deutlich ein Ganzes finde. In diesem Ganzen zeigt sich mir wieder deutlich, daß, da ihm Dinge möglich werden, die ich anstaune, bewundre; und in ihrem Entstehen die Thätigkeit des Ganzen erblicke, auch das Einige alles vermögende, Allmächtig, Allwissend ist. Finde ich nun wie es sich über mich ergießt, mir so viel zufließen läßt ja, sich in allem mir hingiebt: so entdecke ich in dem Liebe, unaussprechliche Liebe; die in der Freude des Geliebten, Gewollten, ihre Freude sucht und hat. Finde ich nun diese Liebe in dem Sohne Gottes als das alleinherrschende, so zeigt sich mir auch zugleich der lebendige Gott in ihm: und ist dies so muß ich ja meine ganze Aufmerksamkeit auf diesen Gegenstand und auf alles das was von ihm handelt wenden, um so den zu finden der mir mein Dasein schenkte, und zu erfahren, was dessen Wille ist; da erkenne //12// ich denn in dem was er mir zu ruft, und was er für mich gethan, daß mein immerwährendes Leben mein Seelig, Einig sein, der Endzweck seiner Handlungen, sein Wille ist; mich zu der Vollkommenheit zu bringen, die ich in ihm erblicke; welch ein Ruff dem sollte ich nicht hören? Thu ich das, so erkenne ich das ein Gott ein einiger Gott ist. Da mir aber auch zugleich offenbar wird was das herrlichste ja das vollkommenste Leben ist: so muß ich denn auch nach diesem trachten. Wie der lebendige Gott Jesus Christus meine Freude, Ruhe Friede sein Leben nennt, so muß auch ich seine Freude, Ruhe, Friede und Ehre mein Leben nennen. Wie Jesus Christus ohne mich zu erlösen und seelig zu machen nicht leben mag: so muß auch ich in dem ich dies erblicke nicht leben können, als wenn ich die Freude meines Gottes, wie ich es als den Willen der heiligendreieinigkeit weise, erblicke. Seine Freude ist aber die Freude jedes. Ist die Welt von mir als ein unzertrennliches Ganzes erkannt, habe ich gefunden daß //13// Jesus Christus von Gott da ist, und Gott meine einige Freude sein Leben nennt: so werde ich auch gewiß von solcher Liebe entflamt werden die ihr Leben, ja ihr ewiges Leben, in der Freude Gottes findet; und ist dieses so bin ich in Gott, wie Gott in mir ist. Dann werden alle meine Unternehmungen die Freude Gottes zum Grunde haben, und so der Wille Gottes allein geschehen. Wenn nun mein ganzes Vermögen nur dahin strebt daß alles gleich vollkommen göttlich lebe, in jedem in allem Gottes Freude Ruhe Friede leichte: so gebe ich mich dem wieder hin der sich mir gab; ich werde ohne ihn ohne seine Freude nicht sein wollen; also, da dieses alles einen solchen Einfluß auf mein ich hatt, so bin ich auch eigentlich nur in ihm, und ohne ihn lieber gar nicht. *Bin ich in Jesu Christo so ist meine Freude, Ruhe, Friede ewig, unzerstöhrbar. So mag ich nun viel oder wenig besitzen, ich gewinne und verliere nichts, denn seine Freude //14// ist in mir wo ich bin, und wird mir, reich oder arm, ganz vollkommen in mir selbst, denn sein Reich ist in mir. Wenn ich in allen Unternehmungen, das was mein Nächster, ohne daß er es selbst weis, natürlich sucht, zum Grunde habe, so daß ich den Willen des allein wahren Gottes thue, ist es unmöglich daß mich einer Kränken, noch weniger tödten kann. Jeder wird meine Fortdauer wollen.* Ja wenn ich so gar mein eigenes Leben, weil ich ihn mehr Tod wie Lebendig erblicke heilig hasse und so bis dahin wo ich ihn in der Freude sehe, die ich als daß ihm gesteckte Ziel kenne, als bis ans Ende, heran, so wird derselbe gewiß von gleicher Liebe entflammt werden: mein Leben wollen und so wie himmlische Beharrlichkeit, und aus dieser ein göttliches ewiges Leben hervorgehen: Dieses alles wahr Christus, und eben so müßen wir es auch gegen ihn und gegen einen jeden der in ihm ist sein. Dann wird ein Reich ein Leben hervortretten vor dem wenn ich //15// es erblicke, mein Geist entzückt ausruft, es ist das Werk der vollkommnen Liebe, die sich mit allem was sie ist an das Geliebte hingab um so in der vollkommnen Freude des Geliebten ihr Leben zu finden: wo aller Zwist und so auch jedes Ungemach verschwunden. *Nie wird als dann der Lebende mehr irren – sein Leben wird ihm unmittelbar – und so alles was einer von dem was da ist an sich bringt nur dazu dienen, daß er dem Nächsten reiche, um ihm so zu gestehen, daß er von göttlicher Liebe beseelt nicht das Seine sondern was der Wille Gottes ist sucht – keiner kann betrogen werden – niemand sucht auf eigenen Wegen kriegerisch.* Gott! dein Reich komme. Wahrlich wahrlich ich sage euch es sey denn daß das Weitzenkorn in die Erde falle, und ersterbe, so bleibt es allein, wo es aber erstirbt so bringets viel früchte. Wir sollen in Christo Jesu *den* erkennen, *der* uns in allem als ein wahrer Gott erscheint: darum nimmt der Heiland stets solche Dinge aus der Welt, die der Mensch so leicht übersieht, //16// oder auch nur als etwas geringes ansieht, und vergleicht sie mit dem Menschen selbst; und zeigt ihm so den großen Werth der Dinge, wenn man sie ihrer Ursprünglichkeit nach betrachtet. Auch in einzelnen Weizenkorn zeigt sich der lebendige allmächtige, allwissende Gott: betrachte ich wie solches nur erst dann entstehen kann, wenn alle sichtbaren Theile der Welt: als Erde, Wasser Luft und Feuer, in raßtloser Thätigkeit sind. Wer dieses nicht sieht der bringt sich selbst um alles: dadurch, daß seine Kraft und Leben welches er aus dem

Weizenkorn nimt nun auch nur gleich diesem hinfällig, vergänglich, ja dem Verderben ausgesezt ist; und so dem Menschen der zu einer höhern Erkenntniß beruffen, und zu einer immerwährenden Fortdauer bestimmt ist, in stete Unruhe, Unzufriedenheit mit sich selbst, ja in Angst und Furcht versezt. Der Mensch der leichtsinnig so ein Weizenkorn als eine natürliche Erscheinung in der Welt betrachtet, und so durch dessen Genuß seine Fortdauer mit bewirkt, wird auch mit der Zeit so träg, so sicher, daß er nicht mehr bedenkt daß ihm solches unentbehrlich geworden ist, und daher abhängig von //17// denen macht, die es bauen, also in die Verbindung mit vielen Menschen sezt deren Gemeinschaft auch oft sehr gefährlich werden kann. *Derhalben lehrt der Erlöser der Menschen, sich von allen Bedürfnissen los machen*, den lebendigen Gott in allem als die Urquelle alles Lebens zu erkennen, und nun finden, daß sich dessen Reich in alles erstreckt, also auch inwendig in aus ist: es soll daher niemand der Lebenden irgend einem Gegenstand von der Welt seine Fortdauer zuschreiben, sondern solche von Gott haben; auch erkennen daß ihm Gott unmittelbar Kraft und Leben geben kann, und nun solche das Reich Gottes nennen; womit Gott der Anfang alles dessen was ist ihn in ihm selbst erreicht; und sich so in dem Ende aller Dinge zu erkennen giebt, daß er die Liebe barmherzig, gnädig ist. Gleich wie ein Sempfkorn wenn es in die Erde gesäet wird, ohne die Hülfe irgend eines Lebenden aufgehet, und zulezt in solcher Pracht und Herrlichkeit dasteht, daß auch keiner der Lebenden sagen darf, daß es ihm möglich wäre es herrlicher hervorzubringen, //18// es steht ohne Tadel vollkommen zum Preise des lebendigen Gottes da: also ist es auch mit dem Reiche Gottes, alles geht ohne Zuthun da der lebendige Gott will zu der Vollkommenheit, vor der jeder der Lebenden gerne bekennen wird, das es das Werk des alles vermögenden Gottes ist. *Wenn nun der Mensch dem Gott Verstand und Willen in seine Seele natürlich gab, so daß er ergründen kann was das Beste ist daß ers erwähle, mit seinem freien Willen sich in die Gegenstände die die Welt als etwas aufstellt, so verliert, daß all sein Vermögen nur dahin strebt, daß derselbe die sich in ihm gezeigten Vortheile an sich bringe, um so ein recht herrliches Leben zu finden, so ist der Mensch mit Leibes und Seelenkraft in die Erde versunken: denn er kann ja nicht bestehen, wenn ihm die Erde nicht das zufließen läßt, was er einmal als das kennt, woraus ihm natürliche Fortdauer, ja ein angenehmes Leben wird. Läßt sich der Mensch nun durch nichts belehren, nimt er nicht auf die Strahlen des vollkommnen Lichts, welches in die Welt gekommen ist alle Menschen //19// zu erleichten, sondern scheit dieses, und sucht so in dem was die Erde lievert seinen Schaz, in dessen Besitz Ruhe, Friede, so ist der Mensch durch das Geräusch, Getöse, Getümmel usf. w[ie] für jedes Hohe, Göttliche todt, der Erde einverleibt: derselbe Mensch wird, weil er die Wahrheit aufhält, als ein Feind Gottes betrachtet, und steht als dieser mit keiner Seele, noch weniger mit Gott in einer unauflößlichen ewigen Verbindung, sondern ist allein in der Welt; woraus die Verdammniß der ewige Tod hervorgeht.* Ein solcher Mensch ist so einem Weizenkorn ähnlich, daß in die bloße Erde fällt und nicht aufgeht: es war einer Verwandlung ausgesezt, aber es blieb in dieser dem Säeman zur Ärgerniß allein. *Wenn aber der Mensch mit seinem Verstande findet daß der Welt der Wille Gottes geoffenbaret ist, und er erkennet, was der vollkommne Wille seines Schöpfers ist, den Gehorsam gegen Jesu den Sohn Gottes, als das beste Theil was er erwählen muß, und wird so der Wahrheit gehorsam: der geht dann von alle dem was ihn nur fesselt und zum niedrigsten Sünden oder //20// Lasterknecht machen will behutsam aus, so, daß es ihn nie mehr hinreißen darf, nie mehr so hinhaben kann, daß er um in den Besiz desselben zu gelangen, sich auch wohl dessen erlaubt, was andern schädlich wird; er verläßt es so, daß es ihn nie mehr überwältigen kann; sondert sich von alle dem ab was ihn durch die Sinnenlust betäuben, bethören, täuschen will um ihn zu verschlingen; betrachtet es wie es wirklich ist und sucht so von der Wahrheit erleichtert was zu seinem Frieden dient; findet er dann daß es ihn bloß zu sich ins Verderben ziehen, stürzen will, so rührt er es als das Unreine nicht an; stirbt so der Welt und allem was sie in sich enthält als etwas aufstellt ab, haßt ein Leben welches er als feindselig erblickt, und wird so von Gott in ihm selbst gesucht, erreicht, getröstet, gelehrt, eine göttliche Herrlichkeit sein, und ein göttliches Leben führen; da wird dann die Frucht erscheinen, die wir die Frucht aus Jesu dem Sohne Gottes nennen, weil er nicht mehr in der Welt sondern in Gott lebt; und diese ist Glaube, Liebe, Hoffnung, Samftmuth. Demuth Geduld, eine Selbstverleugnung, der von Gott geforderte Gehorsam und alle Tugend, Ruhe, Friede, Freude, Lust und Wonne,* liebliches holdseeliges göttliches Wesen, ewiges Leben welches ihm unmittelbar auch mittelbar aus Gott fließt. Solch einen Menschen vergleicht der Heiland mit einem Weizenkorn (auf daß er sich nicht überhebe) //21// daß gleich Jenem gesäet wird da es aber erstirbt, wie es der Gang oder das Gesez der Natur fordert, bringets viel Frucht: Jesus war in der Erde, dieses aber in den lebendigen *Gott gesäet.*

Aber ich sage auch die Wahrheit: es ist euch gut daß ich hingehe. Denn so ich nicht hinge, so kommt der Tröster nicht zu euch. So ich aber hinge, will ich ihn zu euch senden. Und wenn derselbige kommt: der wird die Welt straffen, um die Sünde, und um die Gerechtigkeit und um das Gericht. Um die Sünde daß sie nicht glauben an mich. Um die Gerechtigkeit, daß ich zum Vater gehe, und ihr mich *fort* nicht sehet. Um das Gericht, daß der Fürst dieser Welt gerichtet ist ...

... //28// Solange wie einer nur sein eigenes Leben zu erhalten sucht, und hierzu sich der Dinge die die Welt aufstellt bedient, führt derselbe ein eigenes Reich: alles, sein Gemahl, und was er an sich bringen kann, hatt er nur deswegen, um die in ihm rege gewordenen Verlangen, Begierden, oder eigenen Willen zu befriedigen; in jeder Verbindung in die er sich einläßt, legt er nur sich selbst seinen Nutzen zum Grunde; da //29// er aber zu schwach ist um dieses alles so zu verbinden, oder in seine Person zu verwandeln, daß es pünktlich seinen Willen hervorbringe, so entstehen dann sehr bald die Ereignisse die sein Reich zertrümmern, oder auch nur einschrenken; er wird unvollkommen in allem, unsicher, unzufrieden, und so als ein Uebel dem ihm stets nahe scheinenden Tode entgegen gehen; kurz er kann sich das nicht geben, welches die Wahrheit als die Bestimmung der Lebenden enthüllt, und wenn er auch die ganze Welt gewinne, so würde er doch nicht die Freude den Frieden der Seele erringen ... //31// Wer nun den verstellten schmeichelnden Versprechungen der Welt wiedersteht, und läßt sich //32// mit keinem Menschen ein, der nicht auch zugleich mit dem diener der Wahrheit unauflößlich verbunden ist, und überwindet so die Begierden des Fleisches, auf daß er mit ihm ein Geist werde, der reißt so das Himmelreich an sich ...

... //35// Wenn es mir gelingt, daß diese wenigen Worte Ihnen sagen von welchem wichtigen und Unerschöpflichen Inhalt die Allmachtssprüche der heiligen Schrift sind: so bitte ich, daß Sie sich nach durchlesung derselben entschließen, für ein kleines Werk alles aufzubütten, um es groß und herrlich ins Dasein zu führen, dessen Inhalt ist: ein vollständiges Erkenntniß des einigen wahren Gottes, Erklärung des Abfalls der Menschheit, deren Wiederbringung, eine Einsicht der Welt Angriff der verderbten Natur der Menschheit, der Seelen Harmonie mit dem Sohn Gottes, geistliches Gemälde dreier Planeten wie die zwölf Monate in der Kirche Gottes zu betrachten. *Cores.*

Finden sich für solches Aufnehmen, so wollen wir in den Druck geben: drum so ermahnen Sie daß man Speise winke die nicht vergänglich ist, jeden reichen Gewinn fordre Sie *auf und stellen Sie mir dieses Gedruckt zurück* so liefere ich Ihnen vors erste das Ihnen geschilderte in Neun Compreß geschriebenen Bogen, und wir schreiten dann zu einem Kampf der da beharrt bis ans Ende. Fürchten Sie nicht daß Sie mir unbekannt sind, sondern Glauben Sie das ich Sie besser kenne, wie Sie sich selbst noch weniger andre wie Sie schildern können: //36// auch bin ich wenn ich meine Sache geschrieben habe fertig; wie Sie nun ferner fort geht daß ist für meine Seelen Ruhe gleich; drum wollen wir den Weg suchen der uns der göttlich herrliche zu sein scheint. Werden Sie mein wahrer Freund und Genner.

4. Literaturverzeichnis

Bleuler, Eugen, Lehrbuch der Psychiatrie, Berlin-Heidelberg 1969, Springer.

Ellenberger, Henry F., Die Entdeckung des Unbewußten, 2. Auflage, Bern 1996, Huber.

Esquirol, E. D. (1838), Von den Geisteskrankheiten. (Hg. und eingel.) von E. H. Ackerknecht, Bern, Stuttgart 1968, Huber.

Foucault, Michel, Wahnsinn und Gesellschaft, Frankfurt a. M. 1969, Suhrkamp.

Freud, Sigmund, GSW, Band XII, Frankfurt a. M. 1999, Fischer.

Fülöp-Miller, René, Kulturgeschichte der Heilkunde, München 1937, Bruckmann.

Gwinner, Wilhelm, Arthur Schopenhauer, 2. Auflage, Frankfurt a. M. 1987, Kramer.

Kisker, Karl-Peter, Wulff, Erich, >Wahn<. In: Psychiatrie, Psychosomatik, Psychotherapie, (Hg.) H. Machleidt, W., Bauer, M., Lamprecht, F., Rohde-Dachser, C., Rose, H. K., 6. Auflage, Stuttgart, New York 1999, Thieme.

Kloppe, Wolfgang, Über Schopenhauers physiatrische Ansichten. in: Medizinhistorische Miniaturen, Berlin 1966, Kloppe.

Kluge, Friedrich, Etymologisches Wörterbuch, 19. Auflage, Berlin 1963, De Gruyter.

Möbuß, Susanne, Schopenhauer für Anfänger, München 1998, dtv.

Müller-Freienfels, Richard, Persönlichkeit und Weltanschauung, 2. Auflage, Leipzig, Berlin 1923, Teubner.

Posininsky, Harald, Schaumburg, Cornelia, Schizophrenie - was ist das? Göttingen, Zürich 1996, Vandenhoeck und Ruprecht.

Sanders, Daniel, Wörterbuch deutscher Synonymen, 2. Auflage, Hamburg 1882, Hoffmann & Campe

Schischkoff, Georgi, Philosophisches Wörterbuch, 22. Auflage, Stuttgart 1991, Kröner.

Schopenhauer, Arthur, Der handschriftliche Nachlaß, Band I-III, (Hg.) Arthur Hübscher, Frankfurt a. M. 1966-1970, Kramer.

Schopenhauer, Arthur, Die Welt als Wille und Vorstellung, Band I und II, (Hg.) Lutger Lütkehaus, Zürich 1988, Haffmans.

Zentner, Marcel, Die Flucht ins Vergessen, Darmstadt 1995, Wissenschaftliche Buchgesellschaft.

Ziolkowsky, Theodore, Das Amt der Poeten, Die deutsche Romantik und ihre Institutionen, München 1992, dtv.